Aportación de autores extremeños a la literatura española

Primera Parte

Siglos XVI, XVII y XVIII

Teoría y Actividades para el aula

Emérita Moreno Pavón

ISBN 978-1-84753-759-1

Depósito Legal: BA-511-07

Imagen de la portada:

Editorial Lulu Enterprises

26-28 Hammersmith Grove

London W6 7BA

Impreso en España - Printed in Spain

Publicaciones Digitales, S.A.

C/ San Florencio, 2.

41018 Sevilla.Spain

ÍNDICE

INTRODUCCIÓN

Pretendiendo que sea una ayuda al estudiante de Enseñanza Secundaria y Bachillerato, presento el primero de tres cuadernos donde mostramos un resumen de la biografía y la obra literaria de algunos personajes, nacidos o relacionados con Extremadura, y que han realizado algún tipo de aportación a la lengua y literatura española

En este primer cuaderno, analizamos la situación correspondiente a los siglos XVI, XVII y XVII. En el segundo cuaderno se muestran autores que desarrollaron su labor en el siglo XIX y principios del siglo XX, hasta la Guerra Civil y en el tercer cuaderno tratamos la situación literaria extremeña hasta la actualidad.

1. LITERATURA DEL LOS SIGLOS XVI y XVII

1.1 CONTEXTO HISTÓRICO

La Extremadura de los tiempos modernos es «un complejo de realidades territoriales, jurisdiccionales y sociales, que forma parte de los espacios que conformaban la Corona de Castilla», un territorio sin identidad propia, marcado por:

(a) <u>Las consecuencias de la Reconquista</u>

La Reconquista significó la entrega de grandes extensiones a las Órdenes Militares, a los señoríos jurisdiccionales y a los grandes consejos de realengo, lo que favoreció la extensión del latifundio, la señorizalización de la tierra y su escasez para los agricultores. Sobre este espacio actuaron la monarquía, el poder eclesiástico y el poder señorial. Tal confusión institucional supuso también una diversidad fiscal -municipal, administrativa, eclesiástica- en un territorio que no recibe su primera institución regional hasta finales del siglo XVIII, con la creación de la Real Audiencia.

(b) <u>Su carácter fronterizo</u>

Ocupando la posición occidental «extrema» de la Corona de Castilla, alejada de los centros de decisión política y económica, la región se presenta como un espacio equidistante de los grandes centros castellanos, andaluces o portugueses. Esto convierte a Extremadura en un espacio semiperiférico, de escaso tránsito, con caracteres rurales, incómodo, aislado, cerrado, con transportes deficientes que encarecen, junto con las continuas tasas de jurisdicción, el abastecimiento y favorecen el contrabando. Su frontera con Portugal y la permanente conflictividad castellano-portuguesa origina situaciones de guerra abierta y continua conflictividad. Así tenemos:

- Las luchas a finales del siglo XV como consecuencia de la llegada al trono de Isabel la Católica
- En 1580, la intervención armada con la que Felipe II impone sus derechos a la Corona portuguesa.
- Entre 1640 y 1668, con las guerras de Restauración en Portugal

Si a todos estos factores apuntados sumamos la fuerte presión fiscal, la pobreza de la tierra o la inexistencia de estructuras artesanales y mercantiles, encontraremos las causas de otra nota definitoria de Extremadura: la **despoblación**. A lo largo del siglo XVI se registra un crecimiento moderado que queda frenado a partir de la década de 1570, con un posterior retroceso como consecuencia de epidemias, enfermedades y muertes, de cosechas deficientes, hambrunas, alza de precios y crecientes impuestos, de reclutamiento de soldados, de la emigración a América.

La sociedad de estos siglos está marcada por grandes desigualdades entre una minoría privilegiada y poderosa y la mayoría aplastante, condenada a vivir en la penuria y en la pobreza. Entre los privilegiados extremeños hay que incluir a:

- La nobleza con títulos (duques de Alba, Feria, marqueses de de Encomienda, de Villanueva del Fresno, condes de la Rosa, Siruela...), ocupada en altos cargos de la Administración del Estado y la nobleza media, que controla la vida municipal

- Los eclesiásticos constituyen el segundo gran estamento de los privilegiados. La Iglesia en Extremadura se organiza en tres diócesis (Coria, Plasencia y Badajoz), y prioratos en los territorios de las órdenes militares (para la orden de Alcántara: Alcántara, Valencia de Alcántara, Magacela-Villanueva de la Serena y para la orden de Santiago: el priorato de San Marcos de León)

  El Tribunal de la Inquisición, primera institución unitaria de la región extremeña, tendrá su centro en Llerena desde 1527 hasta 1834.

El grupo de los no privilegiados está integrado por las gentes que se dedican a las actividades agrícolas y ganaderas, viviendo en condiciones durísimas de pobreza y de miseria. A éstos hay que añadir el grupo de los marginados (religiosos, jurídicos y sociales)

La principal actividad económica se centra en la agricultura y la ganadería con evidentes deficiencias estructurales, debidas a la escasez de tierras de labor, a las grandes extensiones de terreno dedicadas al pasto y al latifundio. Frente a los agricultores se alzan los ganaderos, minorías nobiliarias o miembros de oligarquías locales, que van ganando poder gracias al Concejo de la Mesta. Las actividades artesanales-industriales de la región se reducen, a lo sumo, a un minúsculo abastecimiento que no llega a satisfacer las mínimas necesidades regionales.

1.2 APORTACIÓN A LA LITERATURA DEL SIGLO DE ORO

Sin contar con una escuela literaria propia, Extremadura tiene, en opinión de López Prudencio, escritores que presentan «coincidencias de aficiones y tendencias», y una acusada personalidad literaria, caracterizada por una inclinación a la indisciplina, la sátira, la acritud con los defectos sociales, el gusto innovador o el apego a lo castizo. Sin embargo, durante los siglos XVI y XVII, aun contando con grandes escritores, no es posible encontrar en ellos coincidencias temáticas ni estéticas, ni rasgos comunes que los diferencien de otros escritores no extremeños. La falta de unidad estética y de planteamientos literarios similares viene determinada, según M.A. Tejeiro, por las siguientes causas:

- Ausencia de un escritor de primera fila que agrupe a seguidores e imitadores
- Carácter aventurero del extremeño, que busca su destino fuera de la patria.
- Falta de una aristocracia o mecenazgo aglutinadores
- Carencia de entramado editorial y de imprenta que publiquen obras de los escritores de la región.
- Escasez de lectores, dado el alto índice de analfabetismo (70%)
- Desinterés de las clases altas, enfrascadas en luchas intestinas

En la consolidación de las letras y de la cultura extremeña tuvieron mucho que ver ciertos sectores de la nobleza, del clero y de la naciente burguesía, que apoyaron la constitución del Convento de Predicadores, del Colegio de Gramáticos o del Colegio del Rio en Plasencia, la creación del Circulo humanístico de Zalamea o de distintas academias literarias en Badajoz, sin olvidar el mecenazgo que ejerció la Casa de Feria. También fue decisiva la irradiación cultural del monasterio de Guadalupe y el apoyo de algunas personalidades eclesiásticas y órdenes religiosas, como las de los jesuitas.

La literatura extremeña del Siglo de oro cuenta con una destacada nómina de escritores; sin embargo, son numerosas las lagunas bibliográficas y literarias, así como las dificultades bibliográficas.

1.3 TEATRO

La aportación extremeña al género dramático durante el Siglo de Oro es ciertamente importante, gracias a la labor de dramaturgos como:

- **Bartolomé Torres Naharro**
- **Diego Sánchez de Badajoz**
- **Micael de Carvajal**
- **Luís de Miranda**
- **Vasco Díaz Tanco**

1.3.1 Bartolomé Torres Naharro

Nació en Torre de Miguel Sesmero (Badajoz) hacia 1485. Los datos más fiables proceden de dos epístolas latinas que encabezan la edición de su ***Propallandia*** (publicado en Nápoles en 1517), volumen que recoge buena parte de su producción literaria. La *Propallandia*, que significa «primeros dones a Palas» comprende:

- Un prólogo, auténtica preceptiva literaria, pionera en Europa, donde se recogen sus ideas sobre el teatro.
- Un Diálogo del Nacimiento.
- Un conjunto de poesías, religiosas y profanas, entre las que sobresalen las satíricas.
- Seis comedias: Serafina, Trofea, Soldadesca, Tinallarias, Ymenea, Jacinta

En el **prólogo** queda clara su voluntad de sobrepasar los conceptos clásicos, no aceptando sin más lo recibido, sino acomodándolo a sus propias ideas o sustituyéndolo por ideas nuevas:

- Define la comedia como «artificio ingenioso de notables y finalmente alegres acontecimientos»
- Teoriza sobre el número de actos (5), que él prefiere llamarlos jornadas
- Establece el número adecuado de personajes de acuerdo con las exigencias de la acción dramática, definiendo la libertad artística que más tarde implantará Lope de Vega
- Habla de la necesidad del decoro poético «dando a cada uno lo suyo»
- Señala dos partes en la comedia (introito y acción dramática). El introito consiste en un recitado a cargo de un pastor que, en lengua rústica y tono desenfadado, saluda al auditorio o le lanza pullas, actuando como puente entre el mundo cotidiano y la ficción
- Establece los géneros de la comedia al distinguir la comedia «a noticia», que refleja la realidad tal como es, y la comedia «a fantasía», sobre asuntos fingidos o fantásticos

Las dos comedias «a noticia», ***Soldadesca*** y ***Tinellaria***, reproducen animadamente un trozo de la realidad que el autor ha conocido: la vida militar en la primera y la vida disoluta y apicarada de los criados de un cardenal romano en la segunda. Destaca en ambas piezas su diálogo vivo, con mezcla de lenguas diversas, al servicio de una intención satírica.

Su mayor logro está en las comedias «a fantasía», ***Jacinta, Serafina, Ymenea***, piezas de costumbres urbanas cuyo motor dramático es el amor. Destaca en ellas la intriga bien tratada, el ritmo dramático y los diálogos adecuados a las situaciones y personajes, en especial en Ymenea, calificada como pre lopista y antecedente de la comedia de capa y espada:

> Himeneo logra que su amada Febea lo admita en casa una noche; el hermano de Febea les sorprende y se dispone a matarla por haber mancillado el honor familiar. Himeneo declara sus honestas intenciones y el hermano acaba aceptando la situación

La Inquisición incluyó la obra de Torres Naharro en el Índice de libros prohibidos, motivo por el cual su obra no alcanzó la popularidad e influjo merecidos. Sin embargo, hoy nadie duda de su aportación fundamental hacia el florecimiento posterior del teatro con Lope de Vega

Su producción poética, formada por medio centenar de composiciones en diferentes metros y estrofas de tradición castellana o de raíz italiana, es dispar y desigual. Aborda temas como el amor, tratado conforme al código provenzal; la sátira contra la hipocresía, la falsedad y la corrupción del mundo eclesiástico o la alabanza a sus mecenas.

Los últimos años de su vida (murió entre 1520 y 1533) los pasó en Sevilla, donde escribió ***Calamita*** y ***Aquilana***, dos comedias con abundantes andalucismos.

1.3.2 Diego Sánchez de Badajoz

Probablemente nació a finales del siglo XV en Talavera la Real (Badajoz) y allí trabajó como párroco desde 1533 a 1549. Las noticias sobre su vida son muy escasas y poco fiables. Su obra fue publicada, póstumamente por su sobrino, Juan de Figueroa, en 1554 con el título ***Recopilación en metro***, formada por veintiséis farsas (*Farsa Theologal, Farsa de la Natividad, Farsa de Santa Bárbara, Farsa de Salomón, Farsa de las virtudes, Farsa del Colmenero, Farsa de Tamar, Farsa Militar, Farsa del libre albedrío,...*) y trece composiciones de distintos géneros (lirico, satírico, popular,...).

Sus piezas teatrales, escritas para ser representadas en la iglesia, se centran en el misterio de la Navidad y la Encarnación, o aluden al tema de la Eucaristía, **siendo éstas precedentes del auto sacramental.** En sus obras combina la intención moralizadora y la sátira, y sus personajes proceden de la Biblia, de la realidad social de su tiempo o son personificaciones alegóricas.

Para mantener el interés del público, combina escenas religiosas con las puramente cómicas y con continuas alusiones al vivir cotidiano: desigualdades económicas, fiestas, importancia del dinero y del linaje. Logra, asimismo, verdaderos aciertos en las dramatizaciones alegóricas de los misterios del dogma, al ser capaz de dinamizar los conceptos más abstractos.

En la introducción a estas obras, un pastor enseña al público la manera de entender el espectáculo y el sentido espiritual que encierra, muchas veces poniendo el asunto en relación con el presente.

1.3.3 Micael de Carvajal

Debió nacer a comienzos del siglo XVI en Plasencia, ciudad que fie uno de los focos más brillantes del Renacimiento en Extremadura. Fue un hombre inquieto, apasionado, vagabundo y pendenciero, pródigo y de sólida formación humanística, cuya vida está rodeada de misterios. Se cree que viajó por Europa y hay quien defiende su origen converso. Probablemente murió antes de 1580.

Aunque se sospecha que se obra fue fecunda, sólo se conservan dos obras: **El Auto de las Cortes de la Muerte** y una tragedia llamada ***Josefina.***

- *El Auto de las Cortes de la Muerte* es una obra que dramatiza las danzas de la muerte medievales. Está considerada como la mejor pieza del drama religioso popular de la primera mitad del siglo XVI, ofreciendo un espléndido espectáculo con abundante tramoya y es una violenta sátira social, moral y religiosa, especialmente del estamento eclesiástico.

- La *Josefina,* inspirada en la Biblia, dramatiza la historia de José, vendido por sus hermanos. Pese a los coros y algunas escenas trágicas no es una tragedia, aunque contiene emoción y nervio dramático. Destacan la vivacidad de los personajes, la descripción de las pasiones y la fuerza de los caracteres, especialmente el de José y Zenobia, mujer elemental, víctima de la pasión amorosa

1.3.4 Luis de Miranda

Dentro del género dramática también debemos destacar a este otro placentino, ex soldado, sacerdote y escritor, nacido hacia 1500 y muerto sobre 1572. Su única pieza conservada es la ***Comedia Pródiga***, la cual fue elogiada por Leandro Fernández de Moratín en su obra *Los Orígenes del Teatro*.

La *Comedia Pródiga* es una obra de siete actos que actualiza la parábola evangélica del hijo pródigo enmarcándola en su contexto histórico: un joven pide a su padre parte de la herencia y se marcha de casa, convencido por dos rufianes que lo alborotan para que se aliste en el ejercito de Carlos V. Vive aventuras amorosas y lleva una vida disoluta, derrocha su dinero y llega a tal situación de miseria que decide regresar al hogar paterno, donde es acogido amorosamente por su padre y con suspicacia por parte de otro hermano, que se siente discriminado.

Miranda enriquece el núcleo temático inicial armonizando la historia bíblica con personajes celestinescos, tales como los criados desleales y codiciosos o la vieja alcahueta Briana.

Por otra parte, el protagonista, Pródigo, abandona el hogar en compañía de su criado Feliseo, que actúa como consejero y voz de conciencia, con una actitud razonadora que contrasta con el carácter irreflexivo del joven, por lo que el criado decide abandonarlo y marcharse a vivir como ermitaño, hasta que se encuentran de nuevo cuando el joven vuelve a casa. Según R.Senabre, es la primera vez que en nuestra literatura, dos personajes de vida paralela encarnan los dos aspectos esenciales del ser humano: lo espiritual y lo material; lo que San Agustín llamó el «hombre interior» y el «hombre exterior».

1.3.5 Vasco Díaz Tanco

Nacido a finales del siglo XV en Fregenal de la Sierra (Badajoz), son muchos los que defienden su origen converso. Fue clérigo en la diócesis de Badajoz pero tuvo que abandonar su tierra acusado de dar muerte a un hombre. Por sus escritos sabemos de su vocación viajera por España y Europa, así como la ajetreada existencia que vivió. Debió de morir poco después de 1548. Es autor de una vasta obra entre la que se incluyen:

- ***Los veinte triunfos***, colección de veinte temas en verso de carácter histórico, autobiográfico y alegórico
- ***La Palinodia de la nephanda y fiera nación de los turcos y de su engañoso y cruel modo de guerrear***, es un testimonio acerca de la visión de la cristiandad ante el empuje y poderío turco.
- ***Jardín del alma cristiana***, es una especie de tratado teológico.

Se han perdido una valiosa producción dramática que incluiría las primeras tragedias escritas en España. Por su prólogo al Jardín sabemos que compuso veinticuatro autos (***Autos Quadragesimales***), tres tragedias de tema bíblico y sus Ternos, de los que se conservan dedicatorias y prólogos: ***Terno Comediano*** (comedia Potenciana, Dorotea, Justina); ***Terno farsario*** (Farsa benedita, aretina, patricia); ***Terno dialogal*** (Dialogo real, imperial, pontifical)

1.4 POESÍA ÉPICA

Sin duda, uno de los géneros más apreciados en el Siglo de Oro es la épica, expresión de los ideales del Imperio y de la defensa de la fe católica. Se trata de extensos poemas que ofrecen relatos maravillosos sobre mundos desconocidos o que nos desvelan la historia de nuestro pasado. Entre los poetas épicos extremeños, algunos de los cuales contribuyeron al nacimiento y desarrollo del género, se encuentran:

- **Luis Zapata de Chaves**
- **Cristóbal Mesa**
- **Alonso de Acevedo**
- **Martín del Barco Centenera**

1.4.1 Luís Zapata de Chaves

Nació en Llerena en 1526 en el seno de una familia de noble linaje. Su vida está ligada a los ambientes palaciegos, en los que vivirá desde los nueve años con paje de la emperatriz Isabel y luego al servicio del príncipe Felipe, al que acompañará a su viaje a Bruselas y que le concederá el hábito de la orden de Santiago. Zapata posee la esmerada educación de los cortesanos, alternando el manejo de las armas con los saberes humanísticos. Casado dos veces, reparte su existencia entre Llerena y Sevilla, donde dilapida su fortuna y protagoniza escándalos que lo llevarán a prisión por orden del rey en 1566. Salió de la cárcel en 1590 y fue nombrado alcalde de Puerta de la Reina y regidor de Mérida. Muere hacia 1595.

Es autor de un libro de cetrería y de ***Carlo Famoso***, larguísimo poema épico, de métrica deficiente, que canta las hazañas del emperador Carlos V:

- A su carácter histórico y cronístico se une su deseo de recurrir a lo maravilloso verosímil, a la aventura fantástica que rompa la monotonía de los hechos reales, implicando a personajes reales (Garcilaso, el emperador, Cortés,...) en excesos caballerescos propios de los héroes literarios.

- Aunque la alternancia entre realidad-ficción es una constante de los poemas épicos de este tiempo, Zapata coloca un asterisco en el lateral del verso para indicar el carácter fantástico del mismo o para destacar las escenas líricas en las que los personajes confiesan sentimientos íntimos.

- La mezcla de realidad y ficción es uno de los aciertos de una obra que despunta como huella primera de autores como Cervantes o Lope; del mismo modo, la originalidad de algunos sucesos, como la contienda mantenida entre gatos y ratones, convierte a *Carlo famoso* en antecedente de otras obras.

  Este episodio está considerado por J.Menéndez Pidal como «primer ensayo de poema épico burlesco en lengua castellana, después de *La batalla de don Carnal y doña Quaresma*, del Arcipreste de Hita». Poco después aparecen *La Asneida*, de Cosme Aldana o *La Gatomáquia*, de Lope de Vega.

- El mayor atractivo de esta obra está quizá en las duras críticas contra los abusos del poder y clérigos indisciplinados; también lamenta el desgaste de las campañas bélicas europeas, se encona contra ministros y privados o defiende que la monarquía ha de ser un servicio público.

En cuanto a su labor en prosa, inédito hasta 1859, el autor no le puso título a lo que hoy conocemos como ***Miscelánea,*** un libro a medio camino entre el ensayo y el relato periodístico, donde consignó con estilo ágil, coloquial y lleno de gracia, sus recuerdos de una vida llena de experiencias, viajes, lecturas, referencias políticas, cortesanas, literarias, anécdotas populares, etc., cuidando la verosimilitud y aunando lo serio con lo festivo, lo ordinario con lo maravilloso, y que nos ha permitido conocer la historia íntima de los dos últimos tercios del siglo XVI.

1.4.2 Cristóbal de Mesa

Nace en Zafra, en 1559, en una familia de conversos muy vinculada a la casa de Feria. Estudió en Sevilla y en Salamanca. De nuevo en Sevilla, frecuenta la amistad de Herrera y Barahonda de Soto, y participa en las tertulias literarias. Entre 1586 y 1591 está en Roma, tal vez como soldado, y mantiene estrecha amistad con T.Tasso. Ya sacerdote, se instala en Madrid, buscando algún mecenas a quien servir. Su carácter severo y orgulloso o el rencor ante la indiferencia respecto a sus innovaciones literarias no le favorecieron, y Mesa comenzó un estéril peregrinaje al servicio de varios grandes. Murió en Madrid en 1633.

Su producción lírica se recoge en ***Valle de lágrimas*** y diversas ***rimas***. En la primera parte reflexiona sobre la existencia, entendida como lugar de sufrimiento a lo largo de los llantos por emoción, dolor o arrepentimiento de seis personajes de la tradición religiosa. En las rimas destaca la presencia del asunto amoroso como juego poético

Su estancia en Roma y su contacto con los escritores más destacados, en especial con Tasso, autor del poema épico *Jerusalén libertada*, le acerca a la preceptiva literaria (es autor de ***Compendio del arte poético***, donde defiende los preceptos aristotélicos y arremete contra los que los olvidad) y le aproxima al género de la epopeya, que Mesa defendió a ultranza, y que le valió la fama por los tres poemas épicos que compuso:

- Con ***Las Navas de Tolosa***, 1594, primera composición castellana que responde al nombre de «poema heroico», inicia un proceso de adaptación de la épica italiana a la española, dotándola de elementos propios y originales que se repetirán en autores posteriores. En el prólogo, Mesa destaca la unidad de la acción, la invención de la fabula y su verosimilitud.

- En ***La Restauración de España***, canta al triunfo de don Pelayo en Covadonga, con descripciones logradas, pero desaciertos en la pintura de personajes y en su inclinación a explicar los acontecimientos como obra milagrosa de Dios.

- Su tercer poema épico es ***El Patrón de España***, de 1612.

1.4.3 Alonso de Acevedo

Nació hacia 1570; en Salamanca recibió las órdenes menores y viajó a Roma, donde mantiene relaciones con Saavedra Fajardo o Y Cervantes, en busca de algún beneficio eclesiástico. Murió en Plasencia en 1630.

Su obra más importante, ***De la creación del mundo*** (1615), poetiza la génesis del universo en siete libros de extensión variable que se corresponden con cada uno de los días de la Creación, concluyendo, de ahí su originalidad, con una breve pintura del Juicio Final. El carácter épico de la obra ha sido discutido por parte de la crítica moderna por resultar descriptivo en exceso y carente de lirismo; con todo, participa de los rasgos que propiciaron el nacimiento de la épica culta renacentista, como el uso de la octava o la búsqueda del equilibrio entre invención e historicidad.

1.4.4 Martín del Barco Centenera

Nació en Logrosán en 1544, embarcó como sacerdote rumbo al Nuevo Mundo para desempeñar el cargo de arcediano de la catedral de Asunción; más tarde fue comisario del Santo Oficio en Perú. Intrigante, violento e inmoral, fue procesado e inhabilitado de su cargo. Regresó a Logrosán y luego fue a Lisboa como capellán del virrey don Cristóbal de Mora, a quién dedicó su poema épico, resumen de su vida aventurera.

Es autor de ***La Argentina y conquista del Rio de la Plata***. El poema recrea el viaje al Nuevo Mundo y su estancia en tierras del Rio de la Plata, y es crónica que narra traiciones, intrigas, insurrecciones, cambios de gobiernos, piraterías de unos aventureros ambiciosos y ávidos de empresas extraordinarias en un paraíso ingobernable y violento.

- No hay un héroe único y por sus versos desfilan ejemplos de heroísmos y traición, sin olvidar la presencia de los indígenas.

- La variedad de asuntos impide una articulación coherente, con digresiones y continuos cambios de temas; pero la presencia del yo poético, transmisor de noticias, da verosimilitud a la obra.

- Como sucede con otros poemas épicos, Barco Centenera mezcla la crónica histórica y la leyenda maravillosa. Su afán cronístico redunda en el ánimo moralizador que se desprende de sus versos, llenos de fervor religioso y reflexiones sobre la condición humana. Propone como modelo de conducta a los evangelizadores y entiende que la empresa americana es una lucha entre la grandeza divina y la maldad de Satán.

- Su trato diario con los indios le lleva a entender su situación y la injusticia en la que viven, *La Argentina* es un poema en defensa del indio, similar a *La Araucana* de Ercilla.

1.5 POESÍA LÍRICA

En un estudio de la poesía lírica en Extremadura durante el Siglo de oro no pueden faltar dos poetas no nacidos en tierras extremeñas, pero que por genealogía o por afincamiento están vinculados al quehacer poético de la región: Garci Sanchez de Badajoz y Gregorio Silvestre.

1.5.1 Garci Sánchez de Badajoz

Nacido en Écija (Sevilla), entre 1460-1480. Sus antepasados fueron señores de Barcarrota (Badajoz), y vivió en Zafra en la corte del conde de Feria, en compañía y amistad de otros poetas como Naharro.

Fue un poeta de gran reputación literaria debido a su fina sensibilidad al hablar de sus amargas experiencias personales. Su ***Cancionero*** incorpora obras de otros poetas, juegos cortesanos que glosan versos de maestros o amigos y sus propias composiciones de formas métricas tradicionales castellanas (coplas, letras, glosas, romances) que hablan mayoritariamente del amor en la línea provenzal, expresando el dolorido sentir del cautivo amante que sufre por el servicio a la amada, de hermosura divina y enormemente cruel. La aparente desnudez formal oculta el entramado de conceptos propios del tema: metáforas, antítesis, paradojas, encabalgamientos, sintaxis retorcida...

Entre sus composiciones mayores se encuentran ***Lamentaciones de amores***, donde compara la caída de la casa de Jerusalén, narrada por el profeta Jeremías, con su desconsolada pasión amorosa.

Son también composiciones amorosas ***Fantaseando la cosa de amor*** (amor inalcanzable que arrastra a la muerte); ***Infierno de amor*** (habla de la condena amorosa en la que viven eternamente los más famosos amadores) o **Liciones de Job**. Sobre el tema de la fortuna, destacamos: ***Otras de Garcisánchez contra la Fortuna***

Gran consideración merece otra obra suya, ***Recontando a su amiga un sueño que soñó***: el poeta sueña con su muerte por amor y ve su sepultura rodeada de aves enamoradas que le cantan al atardecer sus penas.

Garci Sánchez gozó de gran consideración en su época y está considerado como uno de los más representativos poetas del siglo XVI, admirado por Valdés o Lope de Vega.

1.5.2 Gregorio Silvestre

Nacido en Lisboa (1520); desde muy joven entró al servicio del conde de Feria y vivió en Zafra hasta que en 1541 obtuvo la vacante de organista en la catedral de Granada, donde residió hasta su muerte.

En su obra encontramos composiciones amorosas, recopiladas en ***Lamentación***, (versos castellanos, sonetos, canciones), que ilustran los tópicos del amor cortés. Destaca la importancia pictórica de los poemas y la mistificación del amor, no ya un penoso proceso para alcanzar galardón, sino unión simbólica de dos cuerpos en una sola alma.

También escribió dos poemas largos, ***La visita del amor***, de tono paródico y cómico, y ***La residencia del amor***.

Entre sus poesías espirituales, en metros castellanos e italianizantes, destaca ***Glosa sobre las Coplas de don Jorge Manrique***, donde reflexiona sobre la llegada de la muerte o la inconstancia de la fortuna.

Compuso, asimismo, tres fábulas mitológicas: sobre ***Píramo y Tisbe***, ***Dafne y Apolo***, y **Narciso**.

1.5.3 Francisco de Aldana

Es, sin duda, el poeta lírico más importante de la época. Llamado por sus contemporáneos «el Divino», nació en Nápoles, donde su padre estaba destinado como capitán.

La familia Aldana, relacionada con la villa de Alcántara (Cáceres), se traslada hacia el año 1540 a Florencia, allí entra en contacto con el ambiente humanista de la corte de los Médecis, que le proporcionó una sólida formación intelectual. En estos años compone ya sus primeras composiciones amorosas e inicia su entrenamiento militar y su manejo de las armas.

En 1567 marcha a Flandes a las órdenes del duque de Alba y obtiene fama de soldado valeroso y estratega experto. Allí conoce el viciado ambiente de luchas intestinas y envidias cortesanas, pero también traba amistan con Arias Montano, al que dedicará su famosa epístola.

Comienza en estos años un periodo de desilusión y amargura en el que el guerrero se va distanciando de los oropeles de la corte y los ideales de la milicia, al conocer por propia experiencia una realidad violenta e injusta y, sin llegar a renunciar de los ideales del Imperio, se lamenta de su absurda existencia.

Vuelve a España en 1576 y desempeña distintas misiones para Felipe II, que lo envía a Lisboa para aconsejar al rey don Sebastián, empeñado en la conquista del norte de África. Disfrazado de mercader judío, recorre como espía el Magreb e interviene junto al rey portugués en una operación militar peligrosa y mal organizada que le lleva a la muerte en la batalla de Alcazarquivir en 1578.

La dicotomía de poeta-soldado queda reflejada en su obra, que aúna dos posturas contradictorias: la bélica y la contemplativa. Por otra parte, la situación de Aldana en el panorama de la poesía del siglo XVI resulta peculiar, pues su lírica amorosa y profana se mezcla con la poesía ascética, al contrario que sus contemporáneos que optaron por una de las dos direcciones sin fundirlas. Precisamente, en este carácter dual de su poesía reside la originalidad de Aldana.

Su poesía no nace del ocio o de la frecuentación de ambientes cultos o cortesanos, salvo en sus comienzos en la corte de los Médecis, de donde proceden composiciones amorosas en la línea tópica del petrarquismo, poco personales. Con el tiempo, su poesía se hace más íntima y grave, despojándose de temas amorosos y mitológicos para adquirir tonalidad ascética y moral, mezclada con alusiones a la vida militar, a veces con carácter burlesco, a veces con actitud equívoca, e incluso condenatoria.

Los **cuarenta y cinco sonetos** conservados se agrupan en:

- Amorosos

  Influenciados por el neoplatonismo, hablan del olvido, la ausencia o la imposibilidad de alcanzar el amor verdadero. Con sensualidad se recrea en la unión de los cuerpos. En otros sonetos conjuga la tradición pastoril con la mitología clásica.

- Religiosos y morales:

  Su motivo más repetido es la exaltación de la Eucaristía y la Encarnación de María, con conceptos teológicos que demuestran su conocimiento de las fuentes religiosas. En otros, habla de los desgarros de la guerra y sus consecuencias.

- De circunstancias:

  Reflejo de la vida cortesana y militar.

Sus **seis epístolas** tienen un fuerte componente autobiográfico y contenido moralizador. Sobresale la que está considerada como una de las cimas epistolares del Siglo de Oro, La ***Epístola a Arias Montano***, el amigo con quien desea compartir la soledad que le llevará a la contemplación divina.

Escribió también **cuatro canciones** en estancias, llenas de tópicos y temática variada; **seis coplas octosilábicas** de tradición castellana, tema amoroso y burlesco y conceptismo propio de los cancioneros, uniendo habilidad, humor y erotismo: ***Diálogo entre cabeza y pie***

Varias **composiciones en octavas**, entre las que destacan ***El Parto de la Virgen***, que supone un intento de épica culta religiosa, o ***Efectos de Amor,*** amores imposibles y violentos de la antigüedad clásica, ilustrados con ejemplos del mundo animal y mineral y la ***Fabula de Faetonte***, imitación fallida de Ovidio, con predominio de la materia narrativa, afán moralizador y realismo al presentarse el poeta como testigo presencial de la aventura.

Aldana anticipó rasgos estilísticos barrocos como el hipérbaton gongorino o la angustia espiritual de Quevedo. Su ejemplar conocimiento de la cultura clásica y el influjo de poetas italianos y españoles lo convierten en uno de los poetas más relevantes de su tiempo.

1.5.4 Luisa de Carvajal y Mendoza

Nació en Jaraicejo (Cáceres) en 1566, de padres de noble estirpe que la dejaron huérfana a los seis años por lo que se traslada a Madrid, donde se educará con unos tíos. Desde muy joven se entrega a la vida religiosa y en 1605 marcha a Inglaterra para ejercer su función pastoral en la clandestinidad y dispuesta a sufrir martirio. Fue encarcelada en varias ocasiones y puesta en libertad por Jacobo I bajo promesa de abandonar el país; pero antes de partir enfermó y murió en 1614

Fue una mujer cuyos sentimientos místicos la llevan a encuentros frecuentes y apasionados con Dios, según confiesa en los continuos comentarios sobre su vida y a formular votos de pobreza, obediencia y perfección, así como deseos obsesivos de martirio.

Su obra poética, ***Poesías espirituales***, fue publicada años después de su muerte. Son cincuenta composiciones en diferentes estrofas (sonetos, romances, quintillas) a las que hay que sumar su vasta producción epistolar dirigida a sus íntimos, y un relato autobiográfico.

La mayor parte de la crítica destaca el importante papel que representa en la tradición literaria de la poesía espiritual, incidiendo en su actitud mística y considerándola como "la más ilustre de las escritoras religiosas del siglo XVII", compitiendo en intensidad y emoción con la misma Teresa de Jesús.

En sus poemas reflexiona sobre la importancia de la oración, describe la Pasión de Cristo, revela su obsesión por el martirio o muestra su vocación apostólica. Para ello, emplea una sintaxis retorcida, continuos encabalgamientos, metáforas, exclamaciones, diálogos... y es perceptible en ellos el influjo del *Cantar de los Cantares*, de Santa Teresa y San Juan de la Cruz. Debido al carácter inefable de la experiencia mística, una explicación en prosa antecede a los versos e intenta aclarar los sentimientos ocultos tras las imágenes poéticas.

1.5.5 Catalina Clara Ramírez de Guzmán

Nace en 1618 en Llerena, por entonces sede del Tribunal de la Inquisición, en una de las familias más poderosas de la ciudad. Catalina Clara se convirtió pronto en uno de los ingenios preclaros de la alta sociedad llerenense, destacando por su sentido del humor, la espontaneidad y frescura de sus composiciones, y por su carga crítica sorprendente, además de por su cultura , independencia espiritual y disposición de ánimo poco frecuentes en cualquier mujer de la época. Vivió en su ciudad natal una existencia rutinaria y monótona, y murió en 1654, sin haber publicado nada.

Además de una novela al modo de los relatos pastoriles, compuso numerosos poemas que reflejan todos los acontecimientos personales, sociales, religiosos o literarios ocurridos en Llerena, manejando distintas estrofas, en especial la décima.

Sus composiciones tratan asuntos familiares y asuntos locales, y resultan muy interesantes para acercarnos a la vida cotidiana de la villa. Otras están dedicadas a la naturaleza, describiendo un mundo natural e idílico a través de imágenes metáforas. Las más valiosas, literariamente hablando, abordan temas morales o filosóficos y nos hablan del hastío, el vacío interior, la incomprensión, la frustración. En las dedicadas al tema amoroso, Catalina arremete contra los hombres, a los que califica de falsos y traidores. Otros poemas son de asunto religioso o de encargo y respuesta.

En sus poemas se advierte un estilo marcadamente conceptista y su carácter burlesco la acerca a la poesía satírica de Quevedo. Hoy está considerada una de las poetas líricas más representativas del Barroco.

1.5.6 Otros escritores

De menor importancia es la obra de otros escritores,

- **Joaquín Romero de Cepeda**
  - Dramaturgo: **Comedia Salvaje**
  - Narrador: **La destrucción de Troya, Rosián de Castilla**
  - Poeta moralizador: **Conserva espiritual**
- **Juan Antonio de Vera y Zúñiga**
  - ***Fábula de Piramo y Tisbe***
  - Poemas épicos: ***El Fernando o Sevilla restaurada***
  - Composiciones amorosas y satíricas
- **Fernando de Vera y Mendoza**
  - ***Panegírico por la poesía***
- **Lorenzo Ramírez de Prado**
  - ***Respuesta al memorial de don Francisco de Quevedo***, quejosa reflexión sobre el desmoronamiento de la sociedad española.
  - Tampoco faltan personajes vinculados a la Iglesia cuya producción poética nace de un propósito moralizador
- **Francisco Adame de Montemayor**
  - ***Nacimiento, vida y muerte del apóstol San Pedro***.
- **Benito Sánchez Galindo**
  - ***Christi Victoria***
- **Álvaro de Hinojosa y Carvajal**
  - ***Libro de la vida y milagros de Santa Inés***

1.6 LOS HUMANISTAS

Sin duda, dos de los hombres más cultos del Siglo de Oro nacieron en Extremadura. Nos referimos a Francisco Sánchez de las Brozas y a Benito Arias Montano, sin olvidar tampoco a un gramático innovador como Gonzalo Correas...

1.6.1 Francisco Sánchez de las Brozas

Conocido con "El Brocense", nació en Brozas en 1522 en una familia de hijosdalgo con poco dinero. A los once años, sus tíos maternos lo llevaron a Évora donde comienza estudios de latín y humanidades que continua en Lisboa. Sirvió como ayuda de cámara a la reina doña Catalina, al rey Juan y a la infanta doña María hasta que, muerta ésta, sus tíos lo envían a Salamanca para estudiar filosofía y teología.

En 1554, comienza a regentar en la universidad salmantina la cátedra de retórica, que consolida en 1574. Vinculado a su trabajo en la universidad irá escribiendo una extensa nómina de trabajos que pretendían facilitar la labor a sus alumnos -fue un excelente pedagogo- y que evidencian su importancia en el panorama cultural de su época.

Envidias y rencores lo hacen víctima de la Inquisición, que le hizo una seria advertencia. En 1593 pide la jubilación, pero ante una nueva denuncia por sus comentarios acerca de las Sagradas Escrituras y su traducción al latín, debe sufrir un largo proceso inquisitorial que quizás le condujera a la muerte en Valladolid en 1600

Francisco Sánchez de las Brozas escribió numerosas obras de filología, gramática, filosofía, preceptiva literaria, etc., junto con traducciones, comentarios y ediciones críticas de otros poetas. En el terreno lingüístico, destaca su obra ***Minerva*** (1587), la primera gramática teórica del sur de Europa, donde, con un criterio absolutamente innovador, parte del principio de que es absolutamente necesario distinguir entre el sistema de la lengua y su realización efectiva.

Como retórico y crítico literario, es autor del ***Ars Dicendi*** y de comentarios sobre autores clásicos y contemporáneos, que pretenden enseñar a leer y comprender a estos escritores: ***Las obras del excelente Garci-Lasso de la Vega***; ***Las obras del famoso poeta Juan de Mena***.

También es autor de una obra poética amplia y variada, tanto en latín como en castellano, formada por traducciones de los clásicos y por producciones originales. Aunque en ellas se advierte gran elaboración estilística y belleza formal, El Brocense no alcanzó como poeta las cimas que conquistó como gramático y retórico.

1.6.2 Benito Arias Montano

Nace en Fregenal de la Sierra hacia 1527. Fue un alumno aventajado que recibió una esmerada educación. En Sevilla estudia Artes y Física, y en Alcalá se licencia en Arte, Filosofía y Teología. Parece que viaja a Italia y reside largas temporadas en la Peña de Alajar, en la Sierra de Aracena. Más tarde, ingresa en la Orden de Santiago, y marcha como teólogo al Concilio de Trento (1562), interviniendo con éxito en ponencias sobre la Eucaristía y el divorcio.

Felipe II lo nombra su capellán y lo envía como su representante a Amberes, para que dirija la Biblia políglota, en cinco lenguas. En Flandes entra en contacto con la conflictiva situación que atraviesan los Países Bajos, se opone a la política del duque de Alba, y se acerca a la Familia de la Caridad, dirigida por Hiêl, institución de carácter secreto que apreciaba el amor por encima de dogmas y religiones, practicaban comunidad de bienes, etc. En 1575, Felipe II le encarga la organización de la Biblioteca de El Escorial. En 1592 vuelve a las tierras del sur hasta su muerte en 1598.

Fue un gran humanista, fecundo y polifacético, elogiado sistemáticamente por historiadores, filólogos, pensadores. Autor prolífico, fue especialista en los comentarios a las Escrituras: ***Comentario a los doce profetas***; ***Aclaraciones a los cuatro evangelios y Hechos de los Apóstoles***, obra que incluye noticias sobre la cultura y la época en la que se escribieron; **De óptimo Imperio**, donde, comentando el *Libro de Josué*, opina sobre la mejor forma de gobernar...

Sus conocimientos universales se reflejan en ***Opus Mágnum***, un trabajo enciclopédico en dos partes que estudia todos los seres del mundo, sin olvidar fenómenos atmosféricos, geológicos, históricos.

Gozó de fama como excelente poeta latino, y también compuso poemas en castellano: sonetos desperdigados en obras de amigos, y otros poemas de mayor extensión, traducción castellana de los *Salmos de David* y una declaración, y Paráfrasis en castellano del *Cantar de los Cantares*, empleando distintos metros y modernizando el original con el lenguaje de Garcilaso y el petrarquismo.

1.6.3 Gonzalo Correas

Nació en Jaraíz de la Vera en 1571, en una familia acaudalada, lo que le permitió ingresar en el colegio trilingüe salmantino. Aunque se vincula profesionalmente a Salamanca, el recuerdo de su tierra natal es constante en su obra, así como el profundo conocimiento de sus realidades lingüísticas. En 1598 comienza a impartir clases en la universidad ocupando las cátedras de griego y hebreo. Fue encargado de la Biblioteca y del Archivo Universitario. Murió en 1631.

Ocupa un lugar destacado entre los humanistas del siglo XVII, y reviste una importancia considerable como lingüista e incluso como literato. Las líneas fundamentales de su investigación se centran en las lenguas clásicas, en especial el griego, y en su preocupación por la lengua romance: ***Arte de la Lengua Española castellana***; ***Arte Castellana***; ***Ortografía castellana, nueva i perfecta***.

Correas defiende la necesidad de conocer la gramática y perfeccionar la lengua con reglas. Sumamente interesante es su planteamiento ortográfico y su defensa de una ortografía fonética, esto es, de escribir tal y como se habla. Es también consciente de la diversidad de pronunciaciones de índole regional, aunque entiende que la norma que debe imperar para adecuarla a la escritura es la del castellano medio. Sus propuestas encontrarán la oposición de ortógrafos posteriores, anti fonetistas y partidarios de la ortografía etimológica, y las reformas ortográficas de la R.A.E. en el siglo XVIII tendrán un carácter cultista inequívoco.

Desde un punto de vista literario, su obra más importante es el ***Vocabulario de rrefranes i frases proverbiales y otras fórmulas comunes de la lengua Kastellana***, autentico tesoro de sabiduría popular que recoge multitud de dichos y frases más o menos agudas, aderezadas con declaraciones y noticias curiosas por parte del autor.

2 LITERATURA DEL SIGLO XVIII

2.1 CONTEXTO HISTÓRICO

La historia de Extremadura en el siglo XVIII es la de un pueblo fronterizo, carente siempre de un centro rector y de unas instituciones propias, regido de lejos por la Administración.

La organización administrativa implantada por los Borbones trajo consigo la creación de una Intendencia, concebida como punto de enlace entre la Administración Central y la regional. La sede, alternativa en Mérida o Badajoz, fue adjudicada a esta última en 1747.

Hasta el año 1790 no se creó la Audiencia de Extremadura, con sede en Cáceres, que dotó de personalidad jurídica a la región, la cual estaba constituida por una única provincia que se agrupaba en partidos. Incluso hasta mediados de siglo, no tuvo Extremadura la representación de un voto en las Cortes, que hasta entonces estaba confiada a Salamanca.

En cuanto a la organización eclesiástica de la región, Extremadura depende de tres diócesis sufragáneas de la de Santiago. Las parroquias ubicadas en los extremos territorios de la Orden de Santiago dependen del Priorato de San Marcos de León. Otros pueblos dependen de las diócesis de Toledo, Ávila y Ciudad Rodrigo; y las que pertenecen a la Orden de Alcántara se distribuyen entre los Prioratos de Alcántara, Zalamea y Magacela. Continúan así, a partir de esta división, las seculares pendencias entre obispos, curas, frailes, órdenes, que suelen tener como causa común el cobro de diezmos. Extremadura únicamente tiene personalidad propia y unidad en lo que se refiere a la Inquisición, pues Llerena continua funcionando como centro religioso de la región. Una Inquisición que se transforma muy lentamente a últimos de siglo y que preserva la fe de cualquier pensamiento no ortodoxo.

Las sucesivas y prolongadas guerras con Portugal, a la que se ve abocada la región debido a su posición geográfica, dejan como saldo una Extremadura plagada de pueblos arruinados, aldeas desaparecidas y campos arruinados, con numerosas secuelas económicas. El siglo XVIII comienza con la guerra de Secesión que arruina la agricultura y la ganadería de ambas provincias, sectores que conforman la economía básica de un amplio sector de la población. Tras unos años de paz relativa las guerras continúan, esta vez contra Portugal en 1762 y 1763 y se reanudaron con Godoy, ya ha) comienzos del siglo siguiente con la intrascendente "Guerra de las naranjas" (1801).

La población de Extremadura durante este siglo permanece continuamente estancada. El catastro de Ensenada (1754) atribuye a la región 423.225 habitantes reales, el censo de Floridablanca (1787) 412.041 y el de Godoy (1797) 428.483. Todo ello debido a la existencia de una mortalidad infantil muy alta y una longevidad muy baja con un índice elevado de personas menores de 40 años.

El extremeño del siglo XVIII es esencialmente analfabeto (en Badajoz la tasa de iletrados absolutos ronda el 60%). Los focos de cultura son escasos en la región, destacando el importante teatro estable que funciona en Badajoz y la incesante actividad de los libreros de Cáceres, además de la creación muy a fin de siglo, de las Sociedades Económicas de Amigos del País, que fomentarán en el siglo siguiente la aparición de periódicos tan importantes como *El Semanario Patriótico de Extremadura*.

Las escuelas no funcionan como organismos estatales y no llegan a todas las capas sociales; no habrá una inquietud generalizada hasta el reinado de Carlos III, periodo en el que los ilustrados manifiestan la necesidad de la educación como preocupación prioritaria y se adoptan medidas encaminadas a alfabetizar a los niños pobres para sacarlos del abandono y la vagancia y orientarlos luego hacia tareas útiles. Pero estas ideas llegaron tarde y mal a las ciudades extremeñas y nunca a muchos de los pueblos de la región, puesto que las ideas reformadoras no alcanzaron en muchos casos a Extremadura.

De todos estos hechos podemos inferir las siguientes circunstancias que explican el pobre panorama cultural que presenta el pueblo extremeño:

- El empobrecimiento de la región debido a la guerra y a la falta de recursos que ésta genera.
- La existencia de un analfabetismo generalizado que se manifiesta en todas las clases sociales.
- La ausencia de una política educativa eficaz tanto a nivel regional como nacional.
- La lejanía geográfica de los focos impulsores de inquietudes sociales y artísticas.
- La carencia de una incipiente burguesía disconforme e innovadora, capaz de asumir el reto de modernizar la región.
- La dependencia administrativa del territorio de diversos señoríos civiles y eclesiásticos

De todo este conjunto de circunstancias extraemos dos conclusiones que nos parecen fundamentales:

(a) Extremadura estuvo poco predispuesta, por circunstancias sociales y económicas, a las inquietudes intelectuales y creativas.

(b) Los extremeños capacitados para poseer ideas se educaron, forzosamente, fuera de nuestras fronteras.

2.2 APORTACIONES EN LA PRIMERA MITAD DE SIGLO

La presencia de escritores importantes procedentes de Extremadura es escasa durante la primera parte del siglo. En este periodo conservamos noticias de algunos vinculados estrechamente a la corte de Madrid y a los núcleos intelectuales y culturales de la capital de España.

2.2.1 Nicolás Álvarez Cienfuegos

Nació en Garrovillas (Cáceres), en la primera mitad del siglo XVIII, donde sus padres residieron durante algún tiempo. Luego pasó a Madrid donde trabajó de jurisculto y fue abogado de cámara del duque de Arcos. Es autor de la descocida comedia ***Amor es oculta fuerza***

2.2.2 Bartolomé Ponce de León y Lasso de la Vega

Nació en Mérida en 1683. Nieto de Garcilaso de la Vega, se dedicó a la carrera militar, llegando al grado de capitán y fue regidor perpetuo del Ayuntamiento de Mérida desde 1708. Muere en esta ciudad en el año 1738.

Compuso y representó comedias de carácter histórico o pseudohistórico entre las que destacan ***El segundo Job romano*** y ***La bella Tomiris y el famoso Amminthas***, de asunto antiguo, y ***La devoción de María cuanto a sus devotos vale***; ***Vida y muerte del padre Ludovico Esforcia***; escribió también otra de tema extremeño con el título de ***La luna de la Serena*** y algunos entremeses y loas.

2.3 APORTACIONES EN LA SEGUNDA MITAD DE SIGLO

La aportación extremeña verdaderamente importante llega en la segunda mitad del siglo, periodo en el que la nómina de escritores naturales de Extremadura es ciertamente extensa e importante. En los siguientes puntos vamos a considerar cinco autores, que podemos considerar menores. Posteriormente, en los apartados 2.4, 2.5 y 2.6 trataremos a tres escritores, nacidos en Extremadura, que los estudiosos consideran fundamentales para el desarrollo de la literatura y el pensamiento crítico español: Juan Pablo Corner, Juan Meléndez Valdés y Vicente García de la Huerta.

2.3.1 Francisco Bejarano

Nacido en Badajoz. Escribió teatro y poesía, especialmente destacadas son las dos comedias que escribió sobre la guerra con Portugal, representadas con éxito, de las que no tenemos constancia.

2.3.2 Francisco de la Rocha

Conocido con el pseudónimo de "El pastor de Extremadura", nación en Badajoz en 1778. Comenzó sus primeros estudios en el Seminario de Badajoz, que continuó en Salamanca y Alcalá de Henares, donde cursó Leyes y Cánones. Se ordenó de prima tonsura en 1797 y obtuvo vacante de racionero en la Catedral de Badajoz, donde vivió hasta su muerte, en la década de 1830.

Alcanzó cierta popularidad tras la publicación en 1821, de sus Églogas, libro en el que evoca, en tono menor, a Garcilaso y en el que destaca el ambiente pastoril y el uso de la égloga como cauce perfecto para dar forma a los sentimientos del poeta.

2.3.3 Gabriel García Caballero

Nació en Montánchez (Cáceres). En 1776 trabaja en Madrid como ayo de los hijos de don Francisco de la Mata, miembro del Consejo de S.M. Opositó a Cátedras de Latinidad en la Universidad de Salamanca. Hombre de enorme sabiduría, aspiró también a la Cátedra de Poética de los Reales Estudios de San Isidro y a la de Retórica entre otras.

Fue autor de una tragedia, compuesta hacia 1770, con el título ***Eumenes***, a la que se le negó la licencia de representación.

2.3.4 Francisco Javier de Villanueva

Nacido en Trujillo en 1779. No se conocen apenas datos sobre su biografía, sólo sabemos que vivió en Madrid. Compuso dos dramas de asunto diferente: Cumplir ***la jura y quitar el feudo de cien doncellas***, sobre el tema clásico de la rebelión cristiana contra el tributo que había que había que pagar, en forma de mujeres, al conquistador sarraceno; y ***La pastora más constante y pastor duque de Alania***, más en consonancia con la comedia sentimental que triunfaba en el momento.

Villanueva también es autor de un poema alegórico-heroico que se imprimió en 1788 con el título de ***Poema alegórico-heroico: la juventud bien guiada y hermosura bien guardada***, acorde con las ideas ilustradas del momento.

2.3.5 Francisco Gregorio de Salas

Nacido en Jaraicejo (Cáceres), es el escritor más importante de este grupo. Estudió Teología y Cánones en Salamanca. Se ordenó sacerdote en 1780 y obtuvo en Madrid el puesto de Capellán Mayor en el Hospital de las Recogidas. Fue predicador, capellán honorario de S.M. y Académico Honorario de la Academia de San Fernando.

Es autor de una comedia, que el mismo llama "Academia dramática o diversión campestre", que fue impresa en 1808 con el título de ***Desdén y amor pastoril***. Como poeta, se hizo famoso por sus ***Epigramas***. Publicó la primera edición de sus ***Poesías*** en Madrid, en 1797 y la segunda, en la misma ciudad, en 1803.

Destacan también otras composiciones de este autor: ***El Observatorio Rústico***, pieza breve, escrita en liras, de carácter eminentemente moralizante; ***Los Elogios Poéticos***, en ellos demuestra un enorme amor a la tierra extremeña, entre sus versos desfilan militares, teólogos, pintores, sacerdotes... creando un fresco donde se dan cita héroes, personas y empleos.

2.4 JUAN PABLO FORNER Y SEGARRA

Nació en Mérida en 1756. Estudió Artes en la Universidad de Salamanca donde conoció a Meléndez Valdés, y Leyes y Cánones en la de Toledo. Terminó sus estudios en 1778 y se marchó a Madrid donde ingresó en el Colegio de Abogados en 1783. Antes, en 1782, La Real Academia Española había premiado su ***Sátira contra los vicios introducidos en la poesía castellana***. En 1790, fue nombrado Fiscal del Crimen en la Real Audiencia de Sevilla y en 1796, Fiscal del Consejo de Castilla. Perteneció también a la Academia de Bellas Artes de Sevilla y a la Academia de Derecho Canónico e Historia Eclesiástica. Fue Censor de la Academia de Letras Humanas de Sevilla y Presidente de la Academia de Derecho en Madrid.

Juan Pablo Forner es el más famoso de los polemistas extremeños del siglo XVIII y un intelectual eminentemente crítico: atacó a los ilustrados, se burló de los afanes renovadores de Feijoo, puso en solfa las ideas de Rousseau y Voltaire, se mofó de los afrancesados y se presentó como el defensor de las esencias de la Patria frente a las modas extranjeras; pero, a la vez, mantuvo durante toda su vida una actitud inconformista y renovadora, insultante ante la ignorancia de la nobleza castellana, defensora de la preceptiva neoclásica, partidaria de una educación integral y amante del espíritu liberal, tolerante y democrática.

Corner fue uno de los prosistas de más valía del siglo XVIII español y un satírico admirable. Entre sus obras en prosa destaca ***Oración Apologética por la España y su mérito literario*** que nace de un encargo de Floridablanca para que contestase a la famosa pregunta de Masson de Morvilliers «¿Qué se debe a España?». Junto a este texto debemos situar otro que todos los críticos han señalado como el más valioso de toda su producción que responde al título de ***Exequias de la lengua castellana***, donde la prosa alterna con el verso y le aventaja; esta obra es una especie de alegoría satírica contra los corruptores del idioma.

Como dramaturgo, no es Forner uno de los escritores más afamados de la época, sin duda por no ceñirse a los cánones del teatro popular que triunfaba por aquellos años. Sin embargo, su producción dramática es importante porque muchas de sus obras reflejan las inquietudes intelectuales que se viven en el país. Algunas de sus comedias no se estrenaron nunca: ni ***Ateisa***, ni ***La vanidad castigada***, ni ***Los falsos filósofos*** tuvieron el honor de representarse. Si se puso en escena La escuela de la amistad o ***El filósofo enamorado***, que obtuvo un relativo éxito en 1796. También se representó, en 1797, una pieza moral en un acto que lleva por título ***Los aduladores***. Peor fortuna tuvieron sus dramas y tragedias. El drama ***La cautiva española*** no pudo pasar la censura y las tragedias ***Las vestales***, ***Motezuma y Francisco Pizarro*** quedaron relegadas al olvido.

2.5 JUAN MELÉNDEZ VALDÉS

Es uno de los poetas mayores del siglo XVIII, nacido en Ribera del Fresno en 1754. Cursó estudios de Filosofía en el Colegio de los Dominicos de Santo Tomás, en Madrid y después Lengua Griega y Filosofía Moral en los Reales Estudios de San Isidro. En 1772 comienza Leyes en Salamanca y, simultáneamente los completa con los de Humanidades. En esta ciudad conoció a muchos de los que serían los grandes escritores de la época (Forner, Cadalso, Jovellanos, Iglesias, Fray Diego González...).

En 1779 finaliza sus estudios y se presenta a cuantas vacantes se producen en Humanidades o Leyes, hasta que en 1882 gana las de Humanidades. Durante los años que se dedicó a la labor docente intentó reformas en la Universidad, vetadas siempre por los sectores más tradicionalistas.

A partir de 1789 pasa a la Magistratura y es nombrado sucesivamente Alcalde del Crimen de la Real Audiencia de Zaragoza, Oidor de la Chancillería de Valladolid y Fiscal de la Sala de Alcaldes de Casa y Corte de Madrid. Ocho años después fue condenado a destierro de la Corte y la Inquisición le formó proceso.

En 1808 regresa a Madrid, se puso en contra de los franceses pero no pudo huir y fue nombrado, por José I, Fiscal de la Junta de Negocios Contenciosos y, poco después, Consejero de Estado. Con la derrota de los franceses marcha al exilio y pasa los últimos años de su vida enfermo y en la mayor indigencia. Muere en Montpellier (Francia) en 1817.

La obra poética de Meléndez Valdés oscila, a lo largo de su vida, entre lo bucólico, lo sentimental y la actitud moral y filosófica. Durante su estancia en Salamanca recibió el influjo de Jovellanos y Cadalso, que le imbuirán del espíritu ilustrado y de un prerromanticismo innovador. Lector asiduo de Montesquieu, Rousseau, Diderot y Helvetius, entre otros muchos escritores europeos, pero también de Horacio, Homero, Anacreonte, Plinio... de los clásicos españoles Fray Luis, Góngora, Villegas... y de los modernos Metastasio, Young, Saint Lambert... se convierte muy pronto en un fervoroso de la Ilustración y de la Razón.

Su dedicación a la poesía fue para él, a lo largo de toda su vida, una constante vital que firmó con el nombre de «Batilo». Ya en 1780 obtiene un premio de la Academia Española por una égloga en alabanza a la vida del campo y en 1783 se confirma su fama poética al leer en la Academia de San Fernando su ***Oda a la Gloria de las Artes***. En 1785 se publica el primer tomo de sus ***Poesías***, que obtuvo un enorme éxito, sumando cuatro ediciones consecutivas, una legítima y tres furtivas, en 1797 se publica en Valladolid la segunda edición, corregida y muy aumentada, en tres tomos.

Varios son los elementos esenciales de su poesía:

- De Anacreonte toma la complacencia en los goces de los sentidos, en la sensualidad y lo festivo, que deriva en una poesía voluptuosa, erótica y galante que festeja la belleza de la amada.
- De la tradición bucólica clásica recoge la sensual contemplación de una naturaleza que se concibe en un primer momento como armonioso conjunto de bellezas sensuales, escenario para la exaltación de los sentidos e invitación al goce jubiloso del presente y que, con el paso del tiempo, se transforma en sujeto de diálogo y objeto de interrogación porque el poeta

aprecia en ella cómo ya no es una fuente de placer, sino un objeto donde asoman el trabajo y el dolor

- De la filosofía de Locke y de las teorías naturalistas de Rousseau recoge los conceptos de que «la exageración del sentimiento es un placer sensual más» y «la Naturaleza misma es el gran excitante de movimientos y emociones en todo ánimo sensible», ideas en cuyo seno se engendraba uno de los grandes principios románticos que se refleja en el sentimentalismo característico de la poesía de Meléndez y que se esparce por todos sus temas (amoroso, maternal, la naturaleza, la amistad...) y, por fin, la tendencia filosófica que representa en Meléndez un esfuerzo hacia la profundidad de la vida y de las cosas, reflejado en temas tan abstractos o semicientíficos (ventajas del fomento de la agricultura, cómo se cuece el oro...).

La poesía de Meléndez , en cuanto a la forma, es una poesía amanerada y artificiosa que se expresa en sonetos, letrillas, tercetos, odas... pero donde el poeta marcó su impronta fue en los metros cortos y en dos composiciones: la oda anacreóntica y el romance, formas poéticas con las que consiguió justa y merecida fama.

Su labor de dramaturgo fue escasa, pues sólo concluyó una comedia, ***Las Bodas de Camacho, el Rico***, que no gustó al público de la época, a pesar de ser premiada por el Ayuntamiento de Madrid. Sabemos también que abandonó el proyecto de un drama sobre Doña María la Brava.

2.6 VICENTE GARCÍA DE LA HUERTA

Nacido en Zafra en 1734. Pasó la mayor parte de su infancia en Aranda de Duero hasta que inició sus estudios universitarios en Salamanca que, al parecer nunca concluyó. En 1755 es ya bibliotecario del duque de Alba, su protector, y muy poco después, miembro de la Real Academia Española y académico de honor de la Real de San Fernando. Se convirtió en el poeta oficial de la Corte y en 1761 obtiene la plaza de primer escribiente de la Real biblioteca. En 1766 debe marchar precipitadamente a París, tal vez por cuestiones políticas. Regresa a Madrid en 1778 y se encuentra con múltiples dificultades económicas hasta que consigue recuperar su antiguo empleo. De ahí y hasta su muerte en 1787, su vida fue un continuo rosario de polémicas y enfrentamientos con la mayoría de los escritores de la época.

García de la Huerta es, ante todo, un escritor comprometido con la creación teatral. Tras componer, a edad muy temprana, la comedia pastoril ***Lisi desdeñosa***, se dedicó por entero a la tragedia. Así tradujo *Zaire*, de Voltaire, bajo el título de ***La fe triunfant del amor y cetro o la Xayra***, en la que pretendió ofrecer a los aficionados «a justa idea de una traducción poética» y ***Agamenón vengado***, versión de la *Electra* de Sófocles, basada en una traducción de Pérez de Olva que se remonta al siglo XVI.

Sin embargo, su mayor éxito proviene de su tragedia ***La Raquel***, compuesta al parecer en 1766 y representada con bastante éxito en 1772 en Madrid. La tragedia, situada entre las formas de la tragedia neoclásica y el espíritu barroco, relata la historia de los amores del rey Alfonso VIII con Raquel, bella judía de Toledo, famosa por su hermosura y su ambición de poder, lo que provoca una revuelta popular, apoyada por los nobles, que termina con la muerte de Raquel.

La obra posee un marcado carácter político pues en ella se postula la idea de que el estamento nobiliario debe acudir sin otra opción al pueblo para conseguir sus propósitos frente a la monarquía. Literariamente, la creación de Huerta se convierte en un reto que se impone el autor de crear una tragedia genuinamente española, tomando un tema nacional para someterlo a las reglas clásicas. Tanto la acción como el clímax de la obra son verosímiles y existe una perfecta adecuación de todos estos elementos al marco de las unidades.

Huerta fue también un buen poeta. Ya en 1778 y 1789 se habían publicado los dos volúmenes de su ***Obra Poética*** y en 1786 salió a la luz la segunda edición de sus ***Poesías***. Su poesía puede ser clasificada en diversos grupos: mitológica, amorosa, romances y poemas diversos, muy comunes al gusto de la época. Entre las poesías de encargo o circunstancias podemos destacar la ***Égloga Piscatoria y los Bereberes***, ***Égloga Africana***; entre las amorosas, caracterizadas por la ausencia de la amada y la actitud estoica del poeta debemos referirnos sobre todo a los titulados ***A la ausencia de Lisi*** y ***A una ausencia esperada y dolorosa***; en el campo de la poesía mitológica brilla especialmente Endimión, sobre el conocido mito clásico, compuesta por sesenta octavas reales, que posee unas notables influencias clásicas.

Tampoco descuidó Huerta la prosa. Eu su obra erudita destacan sobre todo los seis volúmenes del Teatro Español, donde hace una apasionada defensa de la tradición dramática española y ataca a los defensores de las tendencias extranjeras

3 TEXTOS

3.1 SIGLOS XVI y XVII

Sus Gentes

3.1.1 Vasco Díaz Tanco: *Los veinte triunfos "Triunfo frexnense extremeño"*

XXIV

Pueblo que en vicios te domas
y de virtudes te alexas
con desden
si dexasses lo que tomas
y tomasses lo que dexas
yrias bien
guarte del par de dragones
y de la grulla rastrera
no se acuerden
que duermen tras los cantones
y al que dexa la carrera
mal le muerden

3.1.2 Barco Centenera: *La Argentina y conquista del Río de la Plata*

La mas de toda aquesta poca gente
que nombre del Socorro le pusieron,
de Extremadura son, do influye Marte
de sus sacros tesoros tan gran parte

3.1.3 Cristóbal de Mesa: *Valle de lágrimas*

Soberuios arcos, inclitas ruynas
de Merida, ya Roma en las Españas,
Marmoles a quien dieron las montañas
Para enseñar historias peregrinas.

Fabricas donde ya gente latinas
Mostrando gran poder, y altas hazañas,
Sacaron a la tierra las entrañas
En piedras, y metales de sus ruinas.

Si estatuas, si murallas, si columnas,
Dan lustre a nuestra noble Extremadura,
Como reliquias de su antigua gloria

Constante al bien, y al mal de ambas fortunas,
Su gente en esta y en la edad futura
Por armas ganará inmortal memoria.

3.1.4 Luis de Zapata y Chaves: *Miscelánea, Dichos agudos*

« Garci Sánchez de Badajoz, principe de los trovadores de las coplas castellanas, enloqueció de amores, á lo que dicen, aunque yo pienso que fue porque profanó la Sagrada Escritura, que fueron las Liciones de Job; y un hermano suyo, que era de bando contrario le dijo: " Recia cosa es que hemos de sufrir aquí un año á este loco". – El dijo: "Señor, no es mucho que me sufráis un año de loco, pues yo os he sufrido de necio tantos años" »

Sus Paisajes

3.1.5 Vasco Díaz Tanco: *Los veinte triunfos, "Triunfo frexnense extremeño"*

IX

Siete plaças diferentes
en vna congregacion
se aposentan
aduersarias diligentes
que con gran contradicion
se sustentan
extremadas de extremeñas
de extremo en extremadura
por extremos
extramuros sus enseñas
de extremidad su pintura
según vemos

3.1.6 Romero de Cepeda: *Conserva Espiritual*

Entre Orinace y la Muela
deslízase el Guadiana,
dibujando en sus cristales
el cielo puro del alba.

Corónanle largo puente
que hoy une tierras hermanas,
y que fueron otro tiempo
de Bética y Lusitania.

Cuatro arcos trazó allí Herrera
que han de ser de eterna fama
si no los tres de la puente
el de la Puerta de Palmas

3.1.7 Alonso de Acevedo: *De la creación del mundo*

O mi querida patria venturosa
más obligada que ninguna al cielo,
en cuya vega amena y deleitosa,
el Zéphyro batiendo manso el buelo,
la primavera tierna y olorosa
cubre de flores el alegre suelo,
con varias esmeraldas matizado,
seguro del estío y tiempo dado.

Ricos dones derrama en la ribera
de los dorados Astros la influencia
y del placer que allí la primavera
causa, la llaman vera de Plasencia;
allí en contorno de su cabellera,
muestra el otoño varia diferencia
de dulces frutos; y en las grandes cubas
distilan mosto las pisadas uvas...

3.1.8 Cristobal de Mesa: Valle de Lágrimas

Tu que con agua cristalina y pura
O Guadiana caudaloso , bañas
La provincia mejor de las Españas
La fertil y templada Extremadura

Alça la frente, muestra la figura,
Coronada de juncos y de cañas,
Y entre las verdes ouas y espadañas
Mi voz acoge, y oye mi ventura

Yo no lexos naci de tu ribera,
Y siendo Zafra de mis Mesas madre
Por mi mal me lleuaron a Sevilla.

Perdi en Guadalquivir hacienda y padre,
Mas ya que no viui, bien es que muera
En mi patria, tan cerca de tu orilla.

Sus dichos y costumbres

3.1.9 Gonzalo Correas: *Vocabulario de refranes y frases proverbiales*

A Azuaga por aceite, y a la Granja por naranja

Ironía, porque no lo hay en estos lugares; son en Extremadura; como pedir peras al olmo y cinco pies al gato

El asnillo de Caracena, que mientras más andaba más ruin era

Otros dicen otros nombres acabados en ena. Caracena es en lo bajo de Extremadura, de donde fue Arias Montano

Moriscos en Hornachos, y adondequiera muchachos

Solía allí haber casi todos los vecinos moriscos; ya no después que los echaron de España, y ojalá se echara los que préndense judaizantes y los gitanos.

3.1.10 Luis de Zapata y Chaves: *Miscelánea, De toros y toreros*

«... y en este cuento es de lo que pasa los días de San Marcos cada año, en un lugar que se llama las Broças, tierras de Alcántara.

En aquel lugar, teniendo alguno algún espantable y temeroso toro, y que de fiero no se puede con él averiguar, dásele á la Iglesia. Llegando el día de San Marcos, á la vispera de él, va el mayordomo á esos montes por él, donde no le para hombre que vea, y llegando en su asnillo ante el embajador de San Marcos, le dice: "Marco, amigo, ven conmigo a la Broças, que de parte de San Marcos te llamo para su fiesta". El toro luego deja sus pastos, y manso vase delante de él; entra á las visperas en la Iglesia como un cordero manso, y pónele en los cuernos rosas y guirnaldas las mujeres; y sin hacer mal á nadie, sálese acabadas las visperas al campo allí cerca...»

Textos dramáticos

3.1.11 Torres Naharro: *Comedia Ymenea, Introito*

Mía fe, cuanto a lo primero,
yo's recalco un Dios mantenga
más recio que una saeta, (...)

¡Ahuera, ahuera pesares!
¡Sús d'aquí, tirrias amargas!
Vengan praceres a cargas
y regocijos a pares; (...)

¿No sabés en quién quijera
hacer dos pares de hijos,
que me lo da el corazón?
En Juana la jabonera
que me haz mil regocijos.
Cuando le mezo el jabón,
pellízcame con antojo,
húrgame allá no sé dónde,
sale después que se asconde
y échame agraz en el ojo.

Ni an le abonda,
son que creo que va cachonda.
Por la fe de Sant'Olalla,
que la quiero abarrancar,
si la cojo alguna vez.
Quizá si el hombre la halla,
podrá sin mucho afanar
matalle la cachondez.
Es un dïabro bulrrona,
peor que gallina crueca:
papigorda, rabiseca,
la carita d'una mona.
Y en beber
no nació mayor mujer;
con sus pies llenos de barro
nunca para ni sosiega
trasegando de contino.

Composicines satíricas

3.1.12 Torres Naharro: *Propallandia*

Virtud en el mundo no cabe ni mora
Razón y bondad no se usan agora
Palabras sin obras se venden barato.
Faltar cada ora, mentir cada rato,
Burlar de los justos se llama deporte.
Ceviles traidores prevalen en corte:
Falsarios veréis robar beneficios;
Ladrones, a furia comprar los oficios
Y a costa de Dios andar a solacio,
Con ropas prestadas entrar en palacio; (…)

Los buenos veréis por necios tenidos,
Sagazes traidores por mucho discretos…
Y pródigo llaman al qu`es liberal,
Y buen guardador al pésimo avaro;
Al justo lo llaman hipócrita, claro,
Y al malo y soberbio lo cuentan gigante;
Al qu`es pertinaz, por hombre constante,
Y ansí de los otros de mal en peor.

3.1.13 Cristobal de Mesa: *El patrón de España*

Una Corte do el mal se dissimula,
Viua en tu engaño quien por ti suspira
Escuela de lisonja y de mentira,
Adonde vale mas quien mas adula

En ti reyna la pompa, en ti la gula,
El interesse, la arrogancia, la ira,
Todo el bien falta en ti, y en ti no admira
Quien con falso blasoneo se intitula

Todo lo tyraniza tu priuança,
O Catedra mortal de pestilencia,
Del infierno del mundo eres Colonia

Frenesia del sueño de esperança,
Que con la vida acaba la paciencia,
Y otra cruel confusa Babilonia.

Composicines morales

3.1.14 Luis Zapata de Chaves: *Carlo famoso*

«Dichosos fueron bien los que nacieron
En aquella hermosa edad dorada,
Quando aunque en abundancia lo tuvieron
La plata no tenian ni el oro en nada.
La tierra más le dio que lepidieron,
No por fuerza como hoy, sino rogada,
y sin tantas astucias tan malinas
sudavan miel y leche las enzinas.

Ni se havía suertes hecho y dividido,
De todos y de nadie era la tierra,
Ni havia pena ni ley, ni el cruel sonido
De aquesta bestia fiera de la guerra,
Que sobr`este mio y tuyo, un apellido
Que al hombre los sentidos tapa y cierra,
A se despedaçar tan diligentes,
Lo que leones no hazen, van las gentes».

3.1.15 Francisco Aldana: *Poesías, Epístola a Arias Montano*

Montano, cuyo nombre es la primera
estrellada señal por do camina
el sol el cerco oblicuo de la esfera, (...)

yo soy un hombre desvalido y solo,
expuesto al duro hado cual marchita
hoja al rigor del descortés Eolo;
mi vida temporal anda precita
dentro el infierno del común trafago
que siempre añade un mal y un bien nos quita.(...)

Pienso torcer de la común carrera
que sigue el vulgo y caminar derecho
jornada de mi patria verdadera;
entrarme en el secreto de mi pecho
y platicar en él mi interior hombre,
dó va, dó está, si vive, o qué se ha hecho.
Y porque vano error más no me asombre,
en algún alto y solitario nido
pienso enterrar mi ser, mi vida y nombre
y, como si no hubiera acá nacido,
estarme allá, cual Eco, replicando
al dulce son de Dios, del alma oído. (...)

Composicines amorosas

3.1.16 Garci Sánchez de Badajoz: *Cancionero*

Siendo tan baja mi Suerte
Mi pensamiento tan alto
Yo voy buscando mi muerte
Pues por bien que se concierte
De penado nunca falto

Porque es gran atrevimiento
Pensar tal dama servir
Sin pasar mortal tormento
Mas aun que se pas morir
Ve do vas mi pensamiento.

3.1.17 Gregorio Silvestre: *Fábula de Dafne y Apolo*

Aquellos brazos tan bellos
En ramas se convirtieron
Y en las hojas los cabellos
que con el sol compitieron
y el triunfo sacaron dellos.

Aquel norte, aquel lucero,
El dulce rostro, de ver
Presente alli el caso fiero,
Le vido Febo esconder
En el rostro del madero.

3.1.18 Arias Montano: *Poesías*

Quien las graves congojas huir desea,
De que está nuestra vida siempre llena,
Ame la soledad quieta y amena,
Donde las ocasiones nunca vea.
Alli de paciencia se provea
Contra los pensamientos que dan pena,
Y de memoria del morir, que es buena

Para defensa de cualquier pelea.
Mas el que está de amor apasionado
No piense, estando solo, remediarse,
Ni con paciencia, ni acordarse de muerte;
Porque la causa tras de su cuidado
Dentro en si, y mientras más cura ampararse
La fuerza del amor siente más fuerte.

3.1.19 Catalina Clara Ramírez de Guzmán: Poesías

Cuando quiero deciros lo que siento,
siento que he de callaros lo que quiero:
que no explican amor tan verdadero
las voces que se forman de un aliento.

Si de dulces memorias me alimento,
que enfermo del remedio considero,
y con un accidente vivo y muero,
siendo el dolor alivio del tormento.

¿Qué importa que me mate vuestra ausencia
si en el morir por vos hallo la vida
y vivo de la muerte a la violencia?

Pues el remedio sólo está en la herida...
mas, si no he de gozar vuestra asistencia,
la piedad de que vivo es mi homicida.

Composicines religiosas

3.1.20 Luisa de Carvajal y Mendoza: *Poesías espirituales*

¡Ay soledad amarga y enojosa,
Causada de mi ausente y dulce Amado!
¡Dardo eres en el alma atravesado,
Dolencia penosísima y furiosa!

Prueba de amor terrible y rigurosa,
Y cifra del pesar más apurado,
Cuidado que no sufre otro cuidado,
Tormento intolerable y sed ansiosa.

Fragua que en vivo fuego me convierte,
De los soplos de amor tan avivada,
Que aviva mi dolor hasta la muerte.

Bravo mar, en el cual mi alma engolfada,
Con tormenta camina dura y fuerte
Hasta el puerto y ribera deseada

3.2 SIGLO XVIII

Los extremeños y su carácter

3.2.1 Francisco Gregorio de Salas: *Epígramas*

Espíritu desunido,
Anima a los extremeños,
Jamás entran en empeños,
Ni quieren tomar partido:
Cada qual en sí metido,
Y contento en su rincón,
Aunque es hombre de razón,
Vivo ingenio y agudeza,
Vienen á ser por pereza
Los Indios de la Nación.

3.2.2 Juan Meléndez Valdés: Poesías, epistola VII

Al Excmo. Sr. Príncipe de la Paz con motivo de su carta patriótica a los obispos de España recomendándoles el nuevo Semanario de Agricultura

(...) Sed en el alma labrador... La mía
se arrebata, señor; habla del campo,
del colono infeliz; criado entre ellos,
jamás pudo sin lágrimas su suerte,
sus ansias, ver mi corazón sensible.
Fueron mis padres, mis mayores fueron
todos agricultores; de mi vida
vi la aurora en los campos: el arado,
el rudo apero, la balante oveja,
el asno sufridor, el buey tardío,
gavillas, parvas, los alegres juegos
fueron, ¡oh dicha!, de mi edad primera.
Vos lo sabéis, nuestra provincia ilustre
héroes y labradores sólo cría.
De sus arados a triunfar corrieron
del Nuevo Mundo las sublimes almas
de Pizarro y Cortés; y con su gloria
dejaron muda, atónita la tierra.

Al forzudo extremeño habréis mirado
más de una vez sobre el montón de mieses
burlar de Sirio abrasador los fuegos,
lanzando al viento los trillados granos
con el dentado bieldo, o de la aurora
los rayos aguardar sobre la esteva.
Pues extremeño sois, sed el patrono,
el padre sed del labrador; los pasos
de los buenos seguid. Pero, ¡ah!, no basta
que le instruyáis, que a socorrerle vengan
a vuestra voz mil útiles doctrinas.
Doquier se vuelve, entre cadenas graves,
sin acción ve sus miembros vigorosos.
Parece que la suerte un muro ha alzado
de bronce entre él y el bien; trabaja y suda,
y en vano anhela despedir el yugo,
el grave yugo que su cuello oprime.
Busca la tierra do afanoso pueda
sus brazos emplear, y ansia llorando
la dulce propiedad, que una ominosa
vinculación por siempre le arrebata. (…)

En su ignorancia estúpida no siente
la mitad de su mal; le abrís los ojos
para hacerle más mísero y que llore
de su destino la desdicha inmensa.
Volvedla humano en plácida ventura,
alzando del buen rey al blando oído
su justo llanto, su ferviente ruego.
Cortad, romped con diestra valedora
el tronco del error; y amigo, padre
del campo y la labor, un haz de espigas
cima gloriosa en vuestras armas sea.

3.2.3 Vicenta García de la Huerta: *Relación amorosa*

La mejor parte de España,
donde olivas y palmares
guirnalda triunfante tejen
del Guadiana al sesgo margen,
por donde del castellano
confín ya opulento sale
a dar undoso tributo
a los lusitanos mares,
es mi patria. De sus selvas
los florecientes boscajes
en pastoriles majadas
oyeron los tiernos ayes
con que pisé de la vida
los peligrosos umbrales.

Ricos de gustos y haciendas
eran por aquellos valles
mis padres, más que de campos,
dueños de las voluntades
de cuanto zagal brioso,
de su opulencia a los gajes,
o corvo cayado rige
o lino estalla sonante.
Diferencias y disgustos
de antiguas enemistades,
(que hasta las selvas penetra
la envidia) hicieron trasladen
sus antiguos patrimonios
a las dulces y agradables
riberas del claro Duero,

4 BIBLIOGRAFÍA

Aguilar Piñal, F: Bibliografia de Autores Españoles del siglo XVIII. Madrid, CSIC, 1981-1991

Tejeiro Fuentes, M.A., Los poetas extremeños del Siglo de Oro, Editora Regional de Extremadura, Mérida, 1999.

Senabre, R., Escritores de Extremadura, Diputación de Badajoz, Colección Rodriguez Moñino, Badajoz, 1988.

Contreras Carrión, M.: Los poetas extremeños desde el siglo XVIII hasta la época presente. Sevilla, Imp. De S.Peralto, 1927.

Chamorro, V.: Historia de Extremadura (S.XVIII-XIX).T. III.Madrid, Editorial Quasimodo, 1980.

Díaz y Pérez, N.: Diccionario histórico, biográfico, crítico y bibliográfico de autores y artistas extremeños ilustres. Madrid, Pérez y Boyx, 1884-1888, 2 vols.

Lara Garrido, J., Prologo a Poesías castellanas completas de Francisco de Aldana, Cátedra, Madrid, 1985.

J.Herrera Navarro: Catálogo de autores teatrales del siglo XVIII. Madrid, F.U.E., 1993

López Prudencio, J.: Notas literarias de Extremadura, reimpresión de la 1ªedición, Badajoz, 1931, por la Institución «Pedro de Valencia», Badajoz, 1979.

Madoz, P.: Diccionario Histórico-Geográfico de Extremadura. Cáceres, 1995.

Melón Jiménez, M.A. Extremadura en el Antiguo Régimen. Mérida, Ed. Regional, 1989.

M.Pecellin Lancharro, M.: Literatura en Extremadura (T.I). Biblioteca Básica Extremeña, Salamanca, 1980.

www.ingramcontent.com/pod-product-compliance
Ingram Content Group UK Ltd.
Pitfield, Milton Keynes, MK11 3LW, UK
UKHW051129260726
13967UKWH00010B/2934

9 781847 537591